AF227127

NOTICE BIOGRAPHIQUE

SUR

M. OSCAR TURGE,

ANCIEN RÉDACTEUR EN CHEF DE LA GAZETTE D'AUVERGNE,

PAR P. AIGUEPERSE;

SUIVIE

D'UN MÉMOIRE INÉDIT

CONCERNANT

LE BAILLIAGE DE MONTFERRAND.

CLERMONT,

IMPRIMERIE DE THIBAUD-LANDRIOT FRÈRES,

Libraires, rue Saint-Genès, 10.

—

1847.

MÉMOIRE

CONCERNANT

LE BAILLIAGE ET LA VILLE DE MONTFERRAND

EN AUVERGNE,

POUR MONSEIGNEUR LE CHANCELIER.

La ville de Montferrand est celle de toutes les villes d'Auvergne qui peut le mieux justifier, par les titres les plus authentiques, son ancienne et inviolable fidélité pour le service de nos rois. Dès l'année 1225, où elle reconnaissait encore ses comtes particuliers, qui ont toujours été indépendants des comtes d'Auvergne, ses consuls et ses bourgeois furent les seuls du bas pays d'Auvergne qui ouvrirent leurs portes, et qui reçurent dans l'enceinte de leurs murailles l'armée de Louis VIII. Ils prêtèrent serment de fidélité à ce roi, et s'engagèrent à le servir envers et contre tous. Ce service important engagea ce généreux prince à prendre la ville et les habitants sous une protection particulière, et en signe de cette protection, il accepta une redevance d'un marc d'or, qui devait être payé annuellement à la fête de la Purification de la Vierge, et promit de n'aliéner jamais cette redevance, et

de la laisser à ses successeurs rois, sans pré-
judice néanmoins des droits de Guillaume,
comte de Montferrand, tant qu'il lui serait
fidèle, ou qu'il devrait l'estimer tel au juge-
ment de la cour. Ce marc d'or se paye encore
aujourd'hui au receveur du domaine. Ce fait
est prouvé par les lettres patentes du même
roi, données à Paris, l'an 1225, et de son règne
le troisième.

En 1292, Louis de Beaujeu vendit à Philippe-
le-Bel et à ses successeurs rois, le comté de
Montferrand avec toutes ses dépendances. Le
contrat de vente est du 25 juillet 1292.

Depuis ce temps-là les rois Philippe IV, 1311;
Charles-le-Bel, 1328; Charles VI, 1405; Charles VII, 1424 et 1452; Louis XI, 1464; Louis XII,
1498; François Ier, 1517; Henri II, 1547 et
1556; François II, 1559; Charles IX, 1566;
Henri III, 1574; Henri IV, 1595; Louis XIII,
1612; par leurs lettres patentes, ont tous re-
connu que la ville et comté de Montferrand
sont inséparablement unis à la couronne. C'est
sur ce fondement qu'en 1649 le comté de Montferrand ayant été compris par erreur dans le
traité de M. de Bouillon pour la récompense
de Sédan, en fut rayé sur les très-humbles re-
montrances des habitants de Montferrand.

En 1360, le roi Jean érigea à Montferrand

le grand bailliage des exemptions et priviléges
d'Auvergne. Ce bailliage avait pour ressort tout
le bas pays et la majeure partie du haut pays
d'Auvergne.

Sous le règne de Charles VII, durant la
guerre des Anglais, Estevenot de Chaulevesse,
grand bailli de Montferrand, les officiers du
bailliage et les habitants de ladite ville rendirent d'importants services à l'Etat. Ces services
sont attestés par des lettres patentes du même
Charles, du 6 août 1460, données en faveur
du chapitre de ladite ville, à l'occasion d'une
fondation faite par ledit seigneur de Chaulevesse dans son église.

On peut regarder le temps qui s'est écoulé
depuis 1360 jusqu'en 1525, comme l'époque
la plus glorieuse du grand bailliage de Montferrand. C'est de cette savante école du droit
écrit et du droit coutumier qu'on a vu tirer
des chanceliers de France, des premiers pré-
sidents de parlements et autres officiers de
cours souveraines, et qu'on a vu sortir de
très-fameux jurisconsultes. Depuis 1525 jusqu'en 1556, il s'est encore soutenu honorable-
ment et a fourni de grands hommes; mais à
mesure que son ressort s'est diminué, et que
les siéges établis dans les villes voisines se sont
enrichis de ses dépouilles, la réputation du

plus ancien siége royal de la province a dû nécessairement s'affaiblir.

En 1525, Madame Louise de Savoie, fille de Philippe, comte de Bresse, puis duc de Savoie, et de Marguerite de Bourbon, mariée, en 1488, à Charles, comte d'Angoulême, mère de François Ier, ayant intenté procès à Charles de Bourbon, connétable de France, pour raison des biens de la maison de Bourbon, auxquels elle prétendait en vertu des droits de sa mère, comme plus proche parente que ledit Charles de Bourbon, de Suzanne de Bourbon, sa femme, morte sans postérité, et ayant obtenu de la cour un arrêt qui lui adjugeait, entre autres biens de la succession, le duché d'Auvergne, après l'avoir fait réunir à la couronne, elle fit établir à Riom, capitale de ce duché, une sénéchaussée royale dont le ressort fut formé du démembrement de plus de la moitié de celui du grand bailliage de Montferrand.

En 1551, la reine Catherine de Médicis ayant obtenu, par arrêt de la cour, contre Guillaume du Prat, évêque de Clermont, la provision du comté dudit Clermont qui lui appartenait du chef de Magdeleine de Latour, sa mère, voulut, à l'exemple de Louise de Savoie, gratifier ses nouveaux sujets, et orner leur ville d'une

nouvelle juridiction. Elle obtint, pour cet effet, de Henri II, un édit du mois de juin 1551,
par lequel le roi « inclinant à la supplication
» et requête de sa chère compagne, crée un
» siége présidial en la ville de Clermont au-
» quel ressortiraient les villes, cités et comtés
» de Clermont et d'Auvergne, les baronies de
» Latour et autres terres et seigneuries situées
» et assises tant au haut qu'au bas pays d'Au-
» vergne. »

Le bailliage de Montferrand perdit par cette
nouvelle création, la connaissance des affaires
ordinaires dans toute l'étendue des terres
énoncées dans cet édit, qui étaient de son
ressort.

La même reine Catherine de Médicis, en
1556, étant sollicitée par les habitants de Clermont, et se voyant à la veille de se faire ad-
juger par arrêt la pleine maintenue dudit
comté de Clermont, comme elle fit l'année
suivante 1557, « fit entendre, supplia et requit
» le roi de commettre au siége de Clermont
» la connaissance des cas royaux et privilégiés,
» et, pour cet effet, créer les officiers d'icelui
» siége royal. » Ce que le roi fit par son édit
du mois d'octobre 1556, et ce par les mêmes
considérations qui l'avaient porté à faire l'édit
de création de 1551.

Voilà l'époque de la ruine entière du grand bailliage de Montferrand, dont la juridiction fut bornée à la ville et à la banlieue.

Les habitants de Montferrand, se voyant dépouillés des marques de leur constante fidélité et de leurs anciens services, prirent la liberté de s'en plaindre un peu fortement; et, comme leurs griefs étaient manifestes, le roi Henri II, pour les récompenser, ayant supprimé la cour des aides établie à Périgueux, la rétablit en la ville de Montferrand, par édit donné à Paris, au mois d'août de l'an 1557.

Cette même année, Henri II voulut encore dédommager le bailliage en lui restituant une petite partie du ressort qui lui avait été enlevé. L'édit fut expédié, même signé du roi; mais les mouvements que se donnèrent les officiers des siéges de Clermont et de Riom, soutenus du crédit de la reine Catherine, empêchèrent que cet édit ne fût scellé.

Un traitement qui paraissait si peu mérité aux officiers et aux habitants de Montferrand ne fut pas capable de refroidir leur zèle et leur fidélité inviolable pour le service de nos rois.

On sait que du temps de la ligue, dans une défection presque générale de la province, la ville de Montferrand fut toujours ferme et inébranlable dans le service des rois Henri III et Henri IV. Toutes les sollicitations des habitants de Riom pour engager ceux de Montferrand dans leur révolte, ne servirent qu'à faire hâter ces derniers à concerter une union entre leur ville et celle de Clermont pour le service du roi; c'est cette union qui fut jurée le 21 mai 1585, dans la maison-de-ville de Clermont, par un officier de considération de Montferrand et par les échevins dudit Clermont, qui conserva cette ville au roi malgré tous les efforts que put faire François de la Rochefoucaud, évêque de Clermont, qui était zélé ligueur, aussi bien que son frère, le comte de Randan, gouverneur de la province, qui fut tué à la bataille d'Issoire, le 14 mars 1590.

Tous les services que les officiers et les habitants de la ville rendirent au roi dans ces temps difficiles, sont exactement rapportés dans les Mémoires de M. de Vergnies, second président de la cour des aides de Montferrand, conseiller d'état au conseil de Navarre et de la reine, procureur-général dans toute la France pour la réformation de la justice et de tous les officiers. Ces mémoires dont on conserve l'original dans une famille de cette province, sont d'autant plus précieux qu'ils ne sont composés que des dépêches que ce bon et fidèle magistrat écrivait au roi même et à ses ministres, pour les informer dans le dernier détail de l'état de la province, et des moyens de la réduire au service du roi.

Louis XIII, par son édit donné à Troyes au mois d'avril 1630, unit les villes de Clermont et de Montferrand sous le nom de Clermont-Ferrand, et ordonna que le palais de la cour des aides serait transféré en la partie de Clermont, et que, pour dédommager la partie de Montferrand, le collége établi en la partie de Clermont serait établi en celle de Montferrand, et donné aux PP. Jésuites.

La ville de Montferrand se constitua en de grands frais pour bâtir un beau collége aux jésuites, et après toutes ces dépenses, ces RR. PP., en vertu d'un arrêt du conseil, transférèrent le collége à Clermont, en 1662; en sorte que l'union des deux villes se termine presque aujourd'hui à la qualité que prennent la cour des aides et le collége, de cour des aides et de collége de Clermont-Ferrand, et à la liberté qu'ont les officiers de résider dans l'une ou l'autre partie.

Après toutes ces diverses fortunes, et malgré toutes ces pertes, Montferrand est encore une des villes d'Auvergne des mieux situées, des mieux percées, des mieux bâties et des mieux murées; elle passait même, sous le règne de

Henri IV, pour la plus forte de la Basse-Auvergne; elle le deviendrait même, à peu de frais, en ce temps-ci. Outre le bailliage, le corps de ville, et la juridiction consulaire établie par édit de Charles IX, de 1569, elle est ornée d'un chapitre dont l'église, l'une des plus belles et des mieux bâties de la province, a l'honneur d'être sous une protection particulière de nos rois; d'un prieuré de l'ordre de Saint-Benoît; d'une riche commanderie de l'ordre de Malte, où se faisaient anciennement les assemblées de la langue d'Auvergne dudit ordre; d'un ancien couvent de cordeliers, bâti dès le temps de saint François; d'une maison de religieux de Saint-Antoine, d'un grand couvent de Récollets, de deux monastères considérables de religieuses de la Visitation et de Sainte-Ursule; d'un hôtel-de-ville d'ancienne fondation, et d'écoles publiques, établies par lettres patentes du roi, dont les places de maîtres sont remplies par quatre ecclésiastiques qui instruisent la jeunesse.

Cette ville jouit aussi du privilége de quatre foires chaque année, dont il y en a deux qui sont des plus célèbres de la province, et d'un marché chaque semaine, considérable par la vente des bestiaux, des laines et autres marchandises, ce qui attire des marchands de

douze lieues à la ronde. Ce privilége lui a toujours été envié, et l'on a souvent fait des ten-
tatives pour le lui enlever.

Ces détails, aussi bien que ceux que l'on fera
dans la suite, ont paru nécessaires pour ré-
pondre à ceux qui, pour réussir plus sûrement
à achever de détruire Montferrand, ne font pas
difficulté de publier partout que ce n'est plus
qu'un village désert.

La banlieue de cette ville a environ une
lieue et demie de longueur sur presque autant
de largeur. Ce territoire qui est sans contredit
le plus gras et le plus fertile de la province,
contient une infinité de domaines, de fermes
et de maisons de campagne, qui forment un
peuple peut-être plus nombreux que celui qui
est renfermé dans l'enceinte des murailles.

Du centre d'une ville à l'autre il y a une
grande lieue de chemin, et l'intervalle qui est
entre les deux villes est *vuide*, pour user des
termes de l'édit de 1630, c'est-à-dire, sans maisons. Si les habitants de Clermont avaient voulu
exécuter de bonne foi l'édit d'union, ils n'au-
raient pas souffert qu'un grand nombre de
communautés qui s'y sont établies depuis 1630,
et une infinité de maisons que les particuliers
y ont bâties, l'eussent été ailleurs que dans
l'espace vide qui est entre les deux villes, mais

leur dessein a toujours été d'agrandir Clermont et de ruiner Montferrand, comme on va le voir.

Les officiers du bailliage et les habitants de la ville de Montferrand ayant appris que le conseil de S. M. travaillait à l'arrondissement des juridictions de la province d'Auvergne, devaient naturellement espérer que le bien et la commodité même des sujets du roi leur feraient rendre quelque partie du ressort dont ils ont été dépouillés, lorsqu'ils ont été informés que les officiers de la sénéchaussée et siége présidial de Clermont avaient projeté de faire réunir le bailliage de Montferrand à leur siége, et qu'ils avaient même fait des soumissions pour dédommager les officiers dudit bailliage, et fait faire pareilles soumissions au greffier de la juridiction consulaire de Clermont pour le dédommagement du greffier de celle de Montferrand, afin de supprimer tout d'un coup le bailliage et la juridiction consulaire de cette ville.

Si cette entreprise avait lieu, ce serait une étrange récompense de l'ancienne fidélité et des anciens services de la ville de Montferrand, que de vouloir la réduire à l'état du plus malheureux village de la province; il ne s'agit pas ici de simple dédommagement de quelques officiers; il s'agit de la ruine de toute une ville; il s'agit de la perte du domaine du roi; le greffe de Montferrand appartient au domaine du roi, et il accroîtrait celui de Clermont qui appartient à M. de Bouillon. Les principaux revenus de Montferrand consistent dans les cens qui sont assis sur les maisons de la ville, et les droits de lods et ventes qui se payent aux mutations. Quels cens et quels droits de lods peut espérer un fermier du domaine sur des maisons qui tomberont en ruine et que personne ne pourra acheter?

Les officiers et les habitants de la ville de Montferrand n'ont pas eu occasion, à la vérité, depuis Henri IV, de glorieuse mémoire, de donner des témoignages marqués de leur zèle et de leur fidélité pour le service du roi; mais du moins ne saurait-on leur reprocher la moindre action ou le moindre fait qui puisse leur attirer un si cruel traitement. Ils savent que le roi est le maître, mais ils savent aussi que le roi n'use jamais de son autorité suprême qu'avec justice, et qu'il ne punit ses sujets que lorsqu'ils sont coupables.

N. B. Le mémoire que nous avons donné jusqu'ici textuellement, se termine par diverses considérations que leur longueur et leur

peu d'importance nous dispensent de rap-
porter.

Ce mémoire qui fut expédié, le 9 mars 1731,
est accompagné de deux lettres adressées, l'une
à Mgr le chancelier, et l'autre à M. de Tru-
daine, intendant de la province d'Auvergne.

Clermont, imprimerie de Thibaud-Landriot frères.

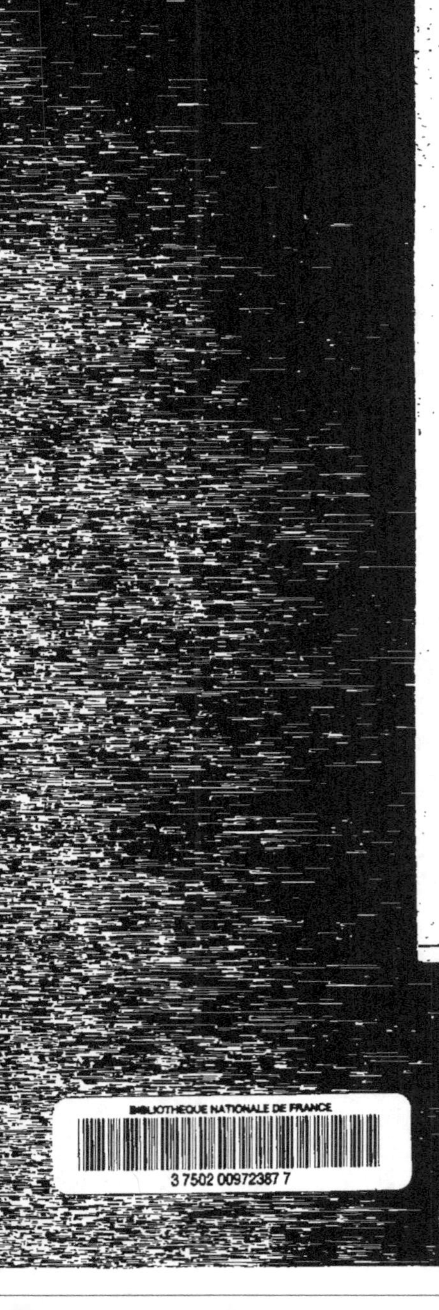

9 782012 954885